이 시대는 '변화'에
용기 있게 도전할 사람을 기다리고 있다.

A MESSAGE TO GARCIA © MUSASHI HIGHBROW 2001

Originally published in Japan in 2001 by SOGO HOREI PUBLISHING CO., LTD.

Korean translation rights arranged through TOHAN CORPORATION, Tokyo.,

and SHIN WON AGENCY CO., KOREA.

Korean translation copyright © 2025 by Saerowoon Jean

- 일러두기 : 책 제목과 잡지 이름은 《》로 기사·영화 제목은 〈〉로 묶었습니다.
- 본문 및 표지 이미지 출처 : 프리픽(https://www.freepik.com/)

가르시아 장군에게

A MESSAGE TO GARCIA

보내는 편지

새로운제안

진정한 영웅은
누구인가?

이 짧은 글 〈가르시아 장군에게 보내는 편지〉
는 어느 날 저녁, 식사를 마친 후 불과 한 시간에
걸쳐 쓴 것이다.

그 날은 1899년 2월 22일이었고, 공교롭게도

조지 워싱턴의 탄생일이었다. 그 때 우리는 《필리스틴》 3월호를 인쇄하려 준비하고 있었다. 혼수상태에 빠졌거나 방사능에 오염된 것이 아닐까 싶을 정도로 게으른 촌사람들을 재촉하느라 힘든 하루를 보낸 뒤, 이 책에 대한 아이디어를 떠올렸다.

그러나 무엇보다도 가장 직접적인 아이디어는 저녁 식사 후 차를 마시면서 아들 버트가 '로완이야말로 쿠바 전쟁의 진정한 영웅이 아니겠냐'는 말을 건넨 것에서 비롯되었다. 로완은 혈혈단신으로 쿠바에 잠입하여 가르시아 장군에게 편지를 전하는 임무를 완수하고 돌아온 인물이었다.

바로 그 순간 무엇인가 섬광처럼 나의 뇌리를 스치고 지나갔다! 그렇다. 버트의 말이 옳았다. 영웅이란 자신의 임무를 제대로 완수한 사람을 일컫는 말이다. 바로 가르시아 장군에게 편지를 전한 로완처럼 말이다.

나는 제목도 달지 않은 채 〈가르시아 장군에게 보내는 편지〉를 잡지에 실었다. 그러자 얼마 지나 지않아 잡지가 매진되었고, 재주문이 밀려들기 시작했다. 10부, 50부, 100부. 주문은 점점 늘어났고 급기야 '아메리칸 뉴스사'로부터 1,000부 주문이 들어왔다. 나는 동료에게 도대체 어떤 기사 때문에 이런 일이 일어났는지를 물었다. 그러자 그가 대답했다. "뭐긴 뭐겠나. 바로 가르시아에 관한 기사 때문이라네."

　　다음날, '뉴욕 센트럴 철도'의 조지 H. 다니엘스라는 사람에게서 전보 한 통이 도착했다.

　　"로완에 관한 기사를 소책자로 10만 부 주문하려고 합니다. 제작에 드는 비용과 기간을 알려주십시오(뒷면에는 엠파이어 스테이트 익스프레스의 광고가 실릴 예정이다)."

　　나는 비용을 말하면서 책을 만들려면 적어도 2년은 걸릴 것이라고 전했다. 우리가 가진 장비는

작고 보잘 것 없어서 짧은 기간에 10만 부나 되는 인쇄물을 찍는 것은 거의 불가능하다고 솔직하게 말했다.

결국 사정상 나는 다니엘스 씨가 독자적으로 기사를 복제하는 것을 허락할 수밖에 없었다. 그는 50만 부를 소책자 형태로 발행했다. 그렇게 50만 부씩 두세 번 정도 발행하고는, 다시 200곳이 넘는 잡지와 신문에서 그 기사를 게재하였다. 그리고 지금까지 세계 여러 나라의 언어로 번역되어 읽히고 있다.

다니엘스 씨가 《가르시아 장군에게 보내는 편지》를 발행하고 있을 무렵, 마침 러시아 철도국의 지휘관이었던 힐라코프 왕자가 미국에 머물고 있었다. '뉴욕 센트럴 철도'의 초청으로 방문했던 그는 다니엘스 씨의 안내를 받으며 미국 전역을 여행하고 있었다. 힐라코프 왕자는 그 작은 책을 읽고 곧 그 책에 빠져들게 되었다. 모르긴 해도 다니엘스 씨가 엄청나게 많은 부수를 찍었다는 사실이 그의 관심을 끌었던 것 같다.

아무튼 책을 들고 고국으로 돌아간 힐라코프 왕자는 그것을 러시아어로 번역해 철도국의 모든 직원들에게 한 권씩 나눠주었다. 그리고 얼마 뒤 독일과 프랑스, 스페인, 터키, 인도, 중국 등 다른 여러 나라에서도 그 책에 관심을 보이기 시작했다. 러·일전쟁 당시에는 참전한 러시아 병사들 모두에게 《가르시아 장군에게 보내는 편지》가 지급되었다.

포로로 잡힌 러시아 병사의 품에서 이 책을 발견한 일본인들은 뭔가 중요한 내용이 적힌 것이라 판단하고 그것을 일본어로 번역했다. 그리고 이 책은 일본의 모든 공무원과 군인, 민간인들에게 보급되었다.

지금까지 《가르시아 장군에게 보내는 편지》는

4,000만 부가 넘게 인쇄되었다. 이는 역사상 한 명의 작가가 평생을 걸쳐 판 그 어떤 책보다도 많이 팔린 기록이라고 한다. 이런 행운이 내게 찾아 온 것에 감사한다.

1913년 12월 1일
엘버트 허버드

변화를 두려워하지 않는
'로완'이 되라

만약 당신에게 '가르시아 장군에게 편지를 전
하라'는 갑자기 밑도 끝도 없는 임무가 떨어진다
면, 과연 당신은 어떻게 이 일을 처리할 것인가?

당시 미국은 쿠바를 둘러싸고 스페인과 전쟁

을 벌이고 있었고, 쿠바의 깊은 밀림 속에 숨어 지내는 반反스페인군 지도자 가르시아 장군에게 대통령의 편지를 전해야만 했다. 모두 갈팡질팡하고 있을 때, 그 곤란한 임무를 아주 훌륭하게 수행해 낸 사람이 바로 '로완'이라는 이름의 장교였다.

저자인 '엘버트 허버드Elbert Hubbard'는 이 영웅담을 이용해 우리 사회에 로완과 같은 인물이 얼마나 필요한지를 짧은 이야기로 만들었다.

각 나라마다 앞다투어 이 이야기를 번역하여 많은 사람들이 읽게 됐으니, 이제 《가르시아 장군에게 보내는 편지》는 역사상 가장 많이 읽힌 책 가운데 하나가 되었다. 오늘날 미국에서는 성경과 함께 가장 많은 사람들이 알고 있는 책 중의 하나이기도 하다.

이 혼돈의 시대에 가장 필요한 것 중 하나가 '변화'다. 이 시대는 '변화'에 용기 있게 도전할 사람을 기다리고 있다. 그 '변화'의 대상이 곧 이 책 속에 나오는 '가르시아'이며, 사람들이 반드시 해야 할 '과제'가 바로 '가르시아에게 편지를 전하는 일'이다.

'가르시아'는 끊임없이 나타나고 있으며, 언제 어디에서나 모습을 드러낸다. 가족, 회사, 조직, 국가에 이르기까지 인간관계로 이어진 모든 상황에서 '가르시아'는 나타난다.

때와 장소를 가리지 않고 잇달아 등장하는 '가르시아'를 두려워하지 않고 용기 있게 도전하는 사람, 그가 바로 '로완'이다. '로완'은 변화를 꿈꾸며 도전하는 '용기'와 '행동력'이며 우리가 마음속 깊이 새겨야 할 영웅이다.

급변하는 시대가 요구하는 '변화'와 '과제'에 도전해, 작고 미미한 '결과'라도 이뤄내, 본인 스스로 새로운 세계를 만들어 낸 사람이야말로 '가르시아 장군에게 편지를 건넬 수 있는 사람'이다.

《가르시아 장군에게 보내는 편지》를 되풀이해 읽다보면 가을 들녘처럼 풍성한 인생의 열매를 거둘 수 있을 것이다. 세상에 꼭 필요한 사람이 되기 위해 어떤 삶을 살아야 할지 스스로에게 되묻기 때문이다.

하이브로 무사시)

목차

가르시아 장군에게
보내는 편지

쿠바전쟁을 회상할 때마다 내 기억 속에는 마치 궤도를 따라 돌다 태양과 가까운 점에 다다른 화성처럼 선명하게 떠오르는 한 인물이 있다. 당시 미국은 쿠바를 둘러싸고 스페인과 전쟁을 벌이고 있었고, 전쟁의 판도를 바꾸기 위해 어떻게 해서든 빠른 시간 내에 반군의 지도자와 연락을 취해야 하는 상황이었다. 그 지도자의 이름은 가르시아였다. 하지만 그가 쿠바의 깊은 밀림 속 요새에 머무른다는 사실만을 알고 있었을 뿐, 정확한 거처를 알고 있는 사람은 아무도 없었다. 편지나 전보로 연락을 할 수 있는 상황도 아니었다. 하지만 대통령은 가르시아 장군의 협력이 꼭 필요했다. 그것도 아주 급하게 말이다.

★

가르시아 장군에게
보내는 편지

쿠바전쟁을 회상할 때마다 내 기억 속에는 궤도를 따라 돌다 태양과 가까운 점에 다다른 화성처럼 선명하게 떠오르는 한 인물이 있다.

당시 미국은 쿠바를 둘러싸고 스페인과 전쟁을 벌이고 있었고, 전쟁의 판도를 바꾸기 위해 어떻게 해서든 빠른 시간 내에 반군의 지도자와 연락을 취해야 하는 상황이었다.

그 지도자의 이름은 가르시아였다. 하지만 그가 쿠바의 깊은 밀림 속 요새에 머무른다는 사실만을 알고 있었을 뿐, 정확한 거처를 알고 있는 사람은 아무도 없었다.

편지나 전보로 연락을 할 수 있는 상황도 아니었다. 하지만 대통령은 가르시아 장군의 협력이 꼭 필요했다. 그것도 아주 급하게 말이다.

도대체 어떻게 해야 한단 말인가!

바로 그때 누군가가 말했다.

"각하, 가르시아 장군에게 편지를 전할 수 있는 사람은 로완 중위 뿐입니다."

곧 그 사람, 로완 중위가 불려왔다. 그리고 그는 가르시아 장군에게 보내는 대통령의 편지를 받아 들었다.

나는 그가 어떻게 가르시아 장군에게 보내는 편지를 받았고, 그것을 방수가 잘 되는 작은 봉투에 밀봉했으며, 잃어버리지 않도록 자신의 가슴에 가죽끈으로 잘 동여맨 뒤, 작은 배에 몸을 싣고 사흘 밤낮을 달려 쿠바 해안에 상륙했으며, 정글 속으로 사라진 뒤 3주 만에 가르시아 장군에게 편지를 전하고 어떻게 정글 반대편 해안에 무사히 도착했는지를 구구하게 설명할 생각은 없다.

하지만 한 가지 꼭 말하고 싶은 것이 있다. 대통령이 가르시아 장군에게 보내는 편지를 건넸을 때, 로완 중위는 묵묵히 편지를 받았을 뿐 "그가 어디에 있습니까?"라고 묻지 않았다는 사실이다.

세상에! 바로 이 사람. 세상의 모든 학교에 동상을 세워 이름을 빛나게 할 만하지 않은가?

오늘을 살아가는 젊은이들에게 필요한 것은 학교 책상 앞에 앉아 주워듣는 단편적인 지식 따위가 아니다. 그렇다고 이것저것 잡다하고 복잡한 가르침도 아니다.

가장 필요한 것은 로완처럼 어깨에 힘을 주고 힘껏 가슴을 펴는 일이다. 혼자서 도전할 줄 아는 패기로 신뢰를 목숨처럼 여기고, 자신의 생각을 곧바로 행동으로 옮기며, 무섭게 집중해서 가르시아 장군에게 전할 편지를 들고 적진으로 향할 줄 아는 인물이 되는 것이다.

가르시아 장군은 이미 죽고 없다. 하지만 아직 세상에는 우리가 찾아 나서야 할 수많은 가르시아들이 가득하다. 어렵게 일으킨 자신의 사업을 성공시키기 위해 노력해본 사람이라면 누구나 한번 쯤 어리석고 무능한 사람들로 인한 뼈저린 절망감을 느껴보았을 것이다.

한 가지 일에 제대로 전념하지 못할 뿐 아니라, 자신이 무슨 일을 하고 있는지조차 모르는 부산스럽고 산만하기 짝이 없는 사람들이 의외로 많다.

그들은 자신의 힘으로 무언가를 해보려고 노력하기 보다 그저 타인의 도움을 바라고 기다린다. 그뿐인가. 일은 대충대충 하는 데다 무관심하고 부주의하기 짝이 없다. 옷깃을 부여잡고 강제로 하게 하지 않으면 절대 스스로 일을 하는 법이 없다. 기적이라도 일어나지 않는 한, 그들과 함께 사업을 성공시킬 사람은 아무도 없을 것이다.

자, 이렇게 한번 상상해 보자.

당신이 지금 사무실에 있다고 가정하는 것이다. 주위에는 당신의 부하 직원 여섯 명이 함께 있다. 그 가운데 한 사람을 불러 이렇게 부탁해 보라.

"코레조[1489 ~ 1534. 본명은 Antonio Allegri da Correggio. 이탈리아 르네상스 전성기를 대표하는 북이탈리아파 화가 - 역주]의 생애에 대해 알고 싶은데, 백과사전에서 찾아 그에 대해 간단히 정리해 주겠나?"

"예, 잘 알겠습니다."라고 답하고 묵묵히 부탁받은 일을 처리하는 직원이 있을까? 아마도 그렇지 않을 것이다. 의욕이라고는 전혀 찾아볼 수 없는 자세로 삐딱하게 서서 이런 질문을 던질 것이 뻔하다.

"코레조가 누구죠?"

"어디서 나온 백과사전 말인가요?"

"백과사전은 어디에 있습니까?"

"제가 그런 개인적인 심부름이나 하려고 여기

서 일하는 건 아니잖습니까?"

"비스마르크를 말씀하시는 건가요?"

"다른 사람에게 부탁하시는 편이 좋을 것 같은데……."

"코레조란 사람, 아직 살아 있나요?"

"급한 일입니까?"

"제가 백과사전을 가지고 올 테니 직접 찾아보시죠?"

"무엇 때문에 그 사람을 찾아보시려는 거죠?"

화가 치밀겠지만, 일을 시켜야 하는 당신은 그렇게 말하는 부하 직원에게 어떤 식으로 정보를 수집해야 하고 또 그 정보가 왜 필요한지 구구한 설명을 늘어놓아야 한다. 부하 직원은 그제야 마지못해 움직이기 시작할 것이다.

대부분의 부하직원은 '코레조'를 찾다가 결국, "찾아보니 그런 사람은 존재하지 않습니다."라고 보고할 것이다. 물론 예외가 있을 수도 있다. 매사에 자신 있고 적극적이고 총기 있는 직원이 없으란 법은 없으니까.

당신이 현명한 사람이라면, 부하 직원에게 "코레조의 첫 글자는 K가 아니라 C라네."라는 구구한 설명을 하는 대신, 온화한 미소를 지으며 "그럼 자네 일이나 하게."라고 대답한 다음 직접 코레조에 대해 찾아볼 것이다.

현실은 이렇다. 스스로 해내겠다는 의지나 실행력은 물론이고 도덕적인 인성조차 눈곱만큼도 찾아볼 수 없는 사람들이 도처에 있다. 애초에 기백이나 의지가 존재했는지조차 알 수 없는 사람, 부탁 받은 일에 흔쾌히 기분 좋게 "네, 잘 알겠습니다."라는 말을 한번도 해본 적이 없는 사람, 우리 주변에서 이런 사람을 찾기는 너무도 쉽다. 제 일조차 제대로 처리하지 못하는 사람들이 어떻게 타인과 사회를 위해 일할 수 있겠는가.

한번은 비서를 구하기 위해 구인광고를 낸 적이 있다. 열 명의 응시자 가운데 아홉 명은 철자법은 물론 구두점도 제대로 찍지 못했다. 더 심각한 것은 그것이 왜 중요한지조차 이해하지 못한다는 사실이었다. 그런 사람에게 과연 가르시아 장군에게 보낼 편지를 안심하고 맡길 수 있을까?

"저…. 재무 담당자말인데요……."

공장의 책임자가 나에게 말했다.

"그 사람이 왜요?"

"재무 담당으로는 괜찮지만 다른 일로 심부름을 보내기에는 적당치 않습니다. 업무를 제대로 완수할 때도 있지만 그렇지 않을 때도 있거든요. 심부름을 가는 도중에 술집에 들러 술을 마신 적도 있고, 심지어 술에 취해 자신이 그곳에 왜 왔는지 까먹은 적도 있습니다."

과연 이런 사람에게 가르시아 장군에게 보낼 편지를 안심하고 맡길 수 있을까?

근로자나 노동자의 처지를 두고 이런 말들을 하곤 한다.

"실컷 혹사당하고 버림받는 노동자."

"제대로 된 일자리를 찾아 헤매는 가여운 사람들."

이 말들은 대체로 경영자들을 향해 혹독하고 거침없는 비판을 동반할 때가 많다.

하지만 경영자의 처지에서 보면 어떤가? 매사 일처리가 매끄럽지 못하고, 업무 능률도 형편없는 무능력한 사원들에게 어떻게 해서라도 제대로 된 일을 맡기려는 허무한 분투는 오늘도 계속되고 있다. 잠시만 눈을 돌려도 어느새 한눈을 파는 불성실한 직원들 때문에 경영자들의 한숨과 주름은 날마다 늘어만 간다.

그들은 회사의 이익을 위해 어떤 공헌도 하지 못하는 사람을 해고하고, 다시 그 자리에 대신할 사람을 채용하는 피곤한 일을 반복한다.

경기가 회복되어 사정이 나아진다 해도 불필요한 인력에 대한 정리는 끊이지 않고 계속될 것이다. 하물며 일자리가 줄어드는 불경기라면 이러한 감원 현상은 더욱 거세어질 것이 분명하다.

무능하고 조직을 위해 아무 도움이 되지 않는 사람은 일자리를 놓치게 될 것이며, 그는 두 번 다시 취직을 못하게 될지도 모른다. 세상은 정글과도 같다. 이것이 이른바 적자생존의 법칙이다.

세상의 모든 경영자는 이익을 창출하고 가장 큰 공을 세울 사람, 가르시아 장군에게 편지를 건넬 수 있는 사람만을 주변에 두고 싶어 한다.

내가 아는 사람 가운데 이런 사람이 있었다.

그는 대단히 재능이 뛰어났지만 스스로 회사를 경영할 능력은 갖추지 못한 사람이었다. 그는 다른 동료들에게도 아무 도움이 되지 못했다. 그저 고용주가 언제나 자신을 혹사시키려고 한다는 생각만을 하며 하루하루를 보낼 뿐이었다.

그는 다른 사람에게 명령하는 일에도 익숙하지 못했으며, 명령을 받는 일에도 익숙하지 않았다. 만약 가르시아 장군에게 보낼 편지를 그에게 건넸다면 그는 아마도 이렇게 대답했을 것이 틀림없다.

"직접 전해주시면 될 거 아닙니까!"

내가 아는 그 사람은 지금도 일자리를 찾지 못해 거리를 방황하고 있다. 매서운 바람이 그의 낡은 코트를 헤집고 들어왔다가 사라진다. 그렇지만 그를 아는 사람들은 결코 그를 채용하지 않을 것이다. 당연하다. 그는 언제나 주위 사람들에게 불만을 토로하며 선동을 일삼았기 때문이다. 그러한 그의 행동이 얼마나 잘못된 것인지 스스로 깨닫게 만들기란 여간해서 쉽지 않다.

물론 나는 그런 사람이 도덕적인 장애 또한 신체적인 장애 못지 않게 위로 받아 마땅하다는 것을 알고있다. 하지만 그런 위로를 하는 동안, 경쟁에 지지 않기 위해 근무시간이 지나서까지 애쓰고 노력하는 사람들에게도 따스한 눈길 한번쯤은 건네야 하지않을까?

그들은 무능하고, 무관심하며, 은혜도 모르는 사람들 속에서 고군분투하고 있으며, 어깨에 지워진 무거운 짐 때문에 머리가 하얗게 셀 정도로 고통받고 있다. 그들이 없다면 열심히 일하는 많은 사람들의 일터도 없다. 그들이 없다면 수많은 사람은 자신의 생활을 제대로 설계할 수조차 없다.

나의 표현이 너무 지나쳤는지도 모른다. 그렇지만 세상은 지금 급격히 변화하는 소용돌이 속과 같다. 성공한 사람들. 이들은 이길 확률이 아주 희박한 싸움에 임해 전력을 다한 끝에 자신이 바라는 위치에 간신히 다가섰다. 그럼에도 그들에게는 남들 앞에 내세울 만한 것이 별로 없다.

내 생각을 지나치게 부정하지는 않았으면 좋겠다. 나는 도시락을 챙겨 일터로 가는 일용직도 경험해보았고, 반대로 누군가를 고용해보기도 했다. 고용주와 피고용자 모두의 처지를 나는 잘 알고 있다.

빈곤이란 누구라도 피하고 싶은 반갑지 않은 말이다. 세상 누구도 넝마를 걸치며 살고 싶지는 않을 것이다. 세상의 모든 가난한 사람을 욕심 없고 고결하다고 말할 수 없듯, 모든 경영자를 욕심이 사납고 횡포가 심하다고 말하는 것 역시 옳지 않다.

어쨌든 나는 상사가 무슨 말을 하든, 그리고 상사가 있든 없든 신경쓰지 않고 묵묵하게 맡은 일을 수행하는 사람들에게 마음이 끌린다.

그에게 가르시아 장군에게 편지를 전달하라고 명령하면 그는 아무 말없이 편지를 받아들 뿐, 쓸데없는 질문 따위는 하지 않을 것이다. 물론, 가까운 하수도에 몰래 버릴 생각은 눈곱만치도 하지 않을 것이다. 그는 오로지 편지를 건네기 위해 전력을 다 하는 일에만 신경을 쓸 것이다.

그런 사람이라면 직장에서 쫓겨날까봐 전전긍긍할 필요가 없다. 임금을 올려달라며 이것저것 요구하고 계획을 짜지도 않을 것이다.

문명이란 그런 사람을 찾아 오랫동안 지속되어 온 기나긴 여정이라 할 수 있다. 가르시아 장군에게 편지를 전달할 수 있는 사람이라면 무엇이든 이루지 못할 것이 없다.

세상은 지금도 그런 사람을 찾고 있다. 세상의 모든 회사나 공장, 점포에서는 항상 그런 사람을 필사적으로 찾고 있다.

　'가르시아 장군에게 편지를 전할 수 있는' 사람
은 세상 어디에서나 필요하다.

　언제, 그리고 어디에서나…….

해설

자신의 인생을 결정하는 사람은 다른 누구도 아닌 바로 자기 자신
이다. 자신의 생각과 의욕이 자신의 인생을 결정하는 것이다. 그
외에 다른 것은 없다. '스스로 해낸다'는 자신감이 중요하다. '가르
시아 장군에게 어떻게 해서든 편지를 전달하겠다'는 마음을 가져
야 한다. 그런 마음가짐이면 실업도 빈곤도 그리 두려울 것이 없
다. 비관할 그 무엇도 없다. 불안해 할 필요도 없다. 이런 사람들이
모인 회사, 이런 사람들이 모인 조직, 이런 사람들이 모인 사회라
면 오직 발전과 전진만이 있을 뿐이다.

가르시아 장군에게
편지를 건네고 싶다

《가르시아 장군에게 보내는 편지》에는 짧지만 소중한 교훈이 담겨 있다. 요약하면 간단하다. '내일은 반드시 내가 해낸다'는 마음을 가져야 한다는 것이다.

내가 해낸다. 다른 사람이 아닌 내가 해낸다. 그 누구도 탓하거나 의지하지 않는다. 일을 망쳐버리고 변명을 늘어놓기는 싫다. 부탁한 사람의 기대와 신뢰를 절대 깨뜨리지 않는다.

이런 마음가짐이 바로 이 사회를 지탱하고 문명의 발전을 일구는 밑거름이 되는 것이다. 엘버트 허버드는 바로 이 점을 말하고 싶은 것이다.

나는 《가르시아 장군에게 보내는 편지》를 시대나 상황이 요구하는 '변화'에 용감히 도전하라는 의미의 글로 받아들이고 있다. '변화'라는 과제에 대한 용감한 도전 말이다. 바로 그것이 엘버트 허버드가 말하려는 것의 핵심이 아닐까?

1899년 2월 22일 저녁, 엘버트 허버드는 불과 한시간 만에 이 이야기를 완성했다. 식사를 마친 그의 아들이 "로완이야말로 진정한 영웅이 아닐까요?"라고 던진 한 마디를 듣고 번쩍 떠오른 아이디어를 글로 옮긴 것이다.

엘버트 허버드가 남긴 글에 의하면, 이 책은

1913년을 기점으로 4,000만 부가 출판되었다. 놀라운 기록이 아닐 수 없다. 100여 년이 지난 지금까지도, 이 책은 전 세계 여러 나라에서 꾸준히 발행되고 있다. 이 작은 책이 불러일으킨 센세이션이 오늘날까지도 변함 없이 이어지고 있는 것이다.

러·일전쟁 당시에는 전선에 배치된 러시아 병사들 대부분이 이 책의 러시아 판을 가지고 있었다. 미국을 방문한 러시아 왕자가 이 책을 접하고서 러시아어로 번역하게 한 것이 시초였다. 그는 나라 안의 모든 철도원에게 이 책을 배포하였고, 전선에 있는 병사들에게도 읽을 것을 권장하였다.

러·일전쟁 당시를 기억하는 사람들은 이구동성으로 러시아 병사들의 용맹성을 입에 올리곤 한다. 추측이긴 하지만, 러시아 병사들이 그토록 용감할 수 있었던 이유 중 하나로《가르시아 장군에게 보내는 편지》에서 얻은 교훈을 꼽을 수 있을 것이다.

'작은 책 한 권의 힘이 그렇게 대단하단 말인

가' 하는 의문을 가질 수도 있다. 그러나 그렇지 않다. 작고 보잘것 없어 보이는 한 권의 책이 세상을 바꿀 수도 있다.

20세기 초, 미국인들은 《가르시아 장군에게 보내는 편지》에 열렬한 지지를 보냈고, 미국은 그 이후 커다란 변화를 보였다. 경제 대공황과 2차 세계대전을 이겨내고 영국을 대신해 세계의 주도권을 잡게 된 것이다.

이는 가르시아에게 편지를 건넨 작은 영웅을 진심으로 존경하고, 스스로 그렇게 되기 위해 노력한 사람들이 많았다는 사실의 방증이 아니겠는가.

자신의 인생을 결정하는 사람은 다른 누구도 아닌 바로 자기 자신이다. 자신의 생각과 의욕이 자신의 인생을 결정하는 것이다. 그 외에 다른 것은 없다. '스스로 해낸다'는 자신감이 중요하다. '가르시아 장군에게 어떻게 해서든 편지를 전달하겠다'는 마음을 가져야 한다.

그런 마음가짐이면 실업도 빈곤도 그리 두려울 것이 없다. 비관할 그 무엇도 없다. 불안해 할 필요도 없다.

이런 사람들이 모인 회사, 이런 사람들이 모인 조직, 이런 사람들이 모인 사회라면 오직 발전과 전진만이 있을 뿐이다.

희망과 용기가
인간을 빛낸다

《가르시아 장군에게 보내는 편지》를 읽으면 빛나는 인생을 사느냐 아니냐 하는 문제는, 바로 그 사람의 가슴속에 희망과 용기가 있느냐 없느냐에 달려 있다는 생각이 든다.

사실 인간만큼 기분의 변화가 다양한 존재도

없다. 희망이 없고, 희망의 빛을 잃은 사람은 괴롭고 고독하기 마련이다. 산다는 것은 정말 쉬운 일이 아니다. 항상 좋은 일만 있을 수 없기에 더욱 그렇다.

그럼에도 불구하고 모든 고난을 참고 견디며 이겨낼 수 있는 것은 꿈과 희망이 있기 때문이다. 그것을 믿고 한 걸음씩 앞으로 나갈 수 있기 때문에 고난도 참을 만한 것이 된다.

꿈과 희망은커녕 살아갈 의욕마저 잃어버린 사람. 삶에 대한 자신감을 잃은 사람. 이들에게 삶은 버겁기만 하다. 엘버트 허버드가 말했듯, 그들에게 동정의 여지가 없는 것은 아니다. 또 그렇게 인생을 살게 된 데에는 틀림없이 어떤 원인이 있을 것이다.

하지만, 그렇다고 해서 그대로 주저앉아서는 안 된다. 그것은 타인에게 응석을 부리는 것에 지나지 않는다. 마음 한구석에 누군가가 자신을 도와줄 것이라는 기대가 있기 때문에 부리는 응석일 뿐이다.

따지고 보면 과중한 업무나 복잡한 일상사로

악전고투하지 않는 사람은 없다. 따라서, 자기 일은 제쳐두고 다른 사람의 일에 큰 관심을 가질 만큼 한가한 사람은 없다. 스스로를 재촉하며 한 걸음 더 앞으로 나아가기 위해 노력하는 것만으로도 벅차고 힘들기 때문이다. 자신의 일에 최선을 다하고 나서야, 가능한 범위 내에서 타인을 도울 수밖에 없는 것이다.

물론, 가능하다면 좀 더 많은 사람을 돕고 싶을 것이다. 하지만 그러기 위해서는 자신의 실력을 향상시키는 데에 보다 더 노력을 기울여야 한다. 노력을 다해야 할 상황일 때 사소한 문제로 발목을 잡는 사람이 있다면 정말 난감하기 때문이다.

늘 나약한 신음소리만 내는 사람은 어떤 의미로는 사치를 부리는 것과 같다. 스스로의 힘으로 일어설 생각은 하지 않고 다른 사람에게 기대려고만 하기 때문이다. 그런데 이런 나약한 성격을 가진 상당수의 사람들은 대단히 인간적이고 좋은 성격을 가지고 있을 때가 많다. 바로 그런 성격 때문에 다른 사람보다 더 상처받기 쉬운지도 모르겠다. 바꾸어 말하면 이런 사람들의 감수성은 남다

르게 예민하다.

그렇기 때문에 더욱 강조하고 싶다. 자신의 힘으로 꿋꿋하게 살아남아야 한다고. 다시 한 번 원대한 꿈과 희망을 품어야 한다고 말이다.

그것이 인간의 삶이 아니겠는가! 그리고 인간이라면 누구든 마땅히 그런 삶을 살아야 하지 않겠는가!

절대 꿈과 희망을 포기하지 말아야 한다. 아무리 어려운 상황에 처하더라도 희망의 빛을 잃지 않는다면, 언젠가는 반드시 '가르시아 장군에게 보내는 편지'를 건넬 수 있는 날이 올 것이다. 힘들더라도 참고 견뎌 인간다운 삶을 사는 참다운 기쁨을 만끽해야 하지 않겠는가!

용기,

그것은 자신이 성장하려는 의욕에서 생긴다.

용기,

그것은 다른 사람에게 베푸는 배려와 사랑이기

도 하다.

용기 있는 사람만이 미래를 향해 문을 활짝 열고 힘찬 발걸음을 내디딜 수 있으며, 마음이 내키는 대로 모든 일에 도전할 수 있다. 자기에게 주어진 불리한 상황을 극복하고 한걸음씩 성장해 나가는 일은 용기가 있어야만 가능하다. 용기 있는 사람만이 다른 사람에게 기꺼이 도움의 손길을 내밀 줄도 안다.

가르시아 장군에게 편지를 건넨 로완 역시 그런 사람들 중 하나였다. 용기 있는 사람은 다른 사람에게 의지하지 않는다. 오히려 다른 사람이 기댈 수 있는 언덕이 되기를 바라며, 자신에게 주어진 과제에 과감히 도전한다.

용기 있는 사람은 가르시아 장군이 어디에 있는지 가르쳐 달라는, 그런 바보 같은 질문은 하지 않는다. 어렵다고, 귀찮다고 다른 사람에게 맡기거나 도중에 되돌아오지도 않는다. 자신에게 거는 기대와 역할에 최대한 부응하며, 자신은 물론 주위의 많은 사람이 밝고 건강한 삶을 누리도록 애

쓴다. 더불어 사는 사회의 발전에도 관심을 갖는다. 이들은 사회의 힘이자, 국가의 힘이다. 바로 그러한 용기 있는 사람이야말로 이 사회가 간절히 바라는 사람이다.

용기 있는 사람은 이해관계에 따라 움직이지 않는다. 스스로 필요하다고 느낄 때, 자신의 도전이 자신을 성장시키고 주위 사람들과 사회에 도움이 될 때 비로소 주저하지 않고 행동으로 옮긴다. 따라서 용기 있는 사람일수록 자기실현의 가능성도 높아진다.

세상은 혼자서 살아갈 수 없다. 주위 사람들과 더불어 살아갈 때 비로소 살아가는 의미가 있다. 그러므로 성공을 꿈꾸는 사람이라면 당연히 가족이나 친구, 그리고 주위 사람들에게 '이 사람이라면 믿을 만하다'는 존경과 신뢰를 얻어야 한다. 세상의 지지를 받으며, 존경과 신뢰를 얻는 삶을 살기 위해 용기는 없어서는 안될 중요한 덕목이다.

할 수 있는 사람,
할 수 없는 사람

《가르시아 장군에게 보내는 편지》의 저자, 엘버트 허버드는 평소 주관이 뚜렷해 자기 할 말을 떳떳하게 하는 사람이었다. 그는 "'할 수 있는 사람'은 많지 않다. '할 수 없는 사람'을 동정하고 불쌍히 여기기보다 '할 수 있는 사람'을 눈여겨봐야 한다."고 말했다.

엘버트 허버드는 체면 때문에 하지 못하는 말, 듣기 거북한 말까지도 서슴없이 꺼내 놓는 사람이었다.

예로 '무능하다, 어리석다, 전혀 도움이 되지 않는다, 무관심하다, 대충대충 하다, 자주적으로 행동하지 못한다, 도덕이라곤 찾아볼 수 없다, 의지가 박약하다, 타인에게 의지하려고만 한다, 명령하는 일도 받는 일도 제대로 못한다, 언제나 불만만 늘어놓는다, 칠칠치 못하다, 은혜를 모른다, 멍청한 질문만 한다…' 같이 열거하려면 끝이 없을 정도다.

그럼에도 이 책이 많은 나라 사람들에게 읽히고, 전폭적인 지지를 얻었다고 하니, 참으로 놀라운 일이다.

실제 우리가 살고 있는 세상은 생각보다 근사하지 않고 처지나 상황에 따라 불평과 불만이 많을 수밖에 없다. 뿐만 아니라 인간은 자신보다 타인을 더 가혹하고 엄격한 잣대로 바라보곤 한다.

생각해 보라. 자신에게 한없이 관대하지만 타인에게는 얼마나 엄격하게 대하는가!

'할 수 있는 사람'이 어디에서나 소중한 존재로서 인정받고 환영받는 이유가 여기에 있다. 너도 나도 엄격한 잣대로 타인을 바라보는 이 세상에서 '할 수 있는 사람'을 찾기란 생각보다 쉽지 않다.

'할 수 있는 사람'이 되고 싶다면 그만한 '각오'가 있어야 한다. 그러면, '할 수 있는 사람'이 되기 위해 품어야 할 각오는 무엇을 말하는 것일가?

첫째, 기개와 열정을 가지고 임하겠다는 각오다. 자신이 살아가는 이유와 방법을 확고히 세운 상태에서 장래에 되고 싶은 모습을 마음 속에 굳게 다지고, 그렇게 되고자 최선을 다하는 것이다.

기개란 앞에서도 말했듯 '가슴을 활짝 펴는 일'이다. 무슨 일이 있어도 구부정히 허리를 굽히지 말아야 한다. 상황에 따라 손바닥 뒤집듯 인생을 살아서는 안 된다. '내 스스로 해낸다. 피하거나 기회주의적으로 살지 않겠다'고 굳게 마음먹어야 한다.

열정은 에너지다. 끝없이 불타오르는 욕망이다. 어떻게 하던 가르시아 장군에게 편지를 전해, 자신을 믿고 임무를 부여한 사람의 기대에 부응하고, 나아가 전 국민에게 기쁨을 주겠다는 의지를 품는 것이다.

둘째, 밝게 미래 지향적으로 살겠다는 각오다. 로완은 작은 배를 타고 혈혈단신으로 적진에 뛰어들어가 가르시아 장군을 만나야 하는 임무를 부여받았다. 도중에 여러 가지 힘들고 곤란한 일이 일어날 것은 불 보듯 뻔한 일이었다.

그런 상황 속에 출발 전부터 마음이 온통 불안과 공포에 가득 차 있다면 결코 목표를 달성하지 못했을 것이다. 물론, 생각지도 않은 임무를 부여받았을 때에는 "제기랄!"하고 푸념을 할 수도 있다. 그렇지만 어차피 주어진 일이라면 "그래, 어쩔 수 없잖아? 한 번 해보는 거야!"하고 긍정적이고 미래 지향적인 사고로 전환해야 한다. 무엇보다 자신의 책임과 역할을 자각해야 한다.

셋째, 타인에게 감사하고 배려하는 마음을 갖는 것이다. 이 말은 달리 표현하면 독선적 행동은 해서는 안 된다는 뜻이다. 혼자 해내겠다는 의지와 강한 독립심, 기개를 갖는 것도 중요하지만, 타인을 배려하고 감사하는 마음도 잊어서는 안 된다.

세상에 혼자서 할 수 있는 일은 사실 아무것도 없다. 로완만 하더라도 그렇다. 혼자 적진에 뛰어들었지만 쿠바 섬에서 그를 돕고 협력해준 사람들이 있었기에 임무를 완수할 수 있었다. 로완은 바로 그 사람들에 대한 감사의 마음을 결코 잊지 않았다.

반면, 아무것도 '할 수 없다 생각하는 사람'에게는 위의 마음가짐을 전혀 찾아볼 수 없다.

엘버트 허버드의 친구처럼 자기 자신이 스스로 회사를 경영할 능력도 없으면서 사장이 항상 자신을 혹사시킨다고만 생각하여 주위 사람들을 선동하고 돌아다니는 사람들이 있다. 그들에게 타인에

대한 감사의 마음을 찾아보기란 쉽지 않다.

'할 수 있는 사람'이 되기 위해 품어야 할 세 가지 각오를 정리하면 다음과 같다.

❶ 항상 기개와 열정을 가질 것
❷ 밝고 미래 지향적으로 살겠다고 마음먹을 것
❸ 타인을 배려하고 감사하는 마음을 품을 것

그 외에 좀 더 자세히 '할 수 있는 사람'의 유형을 나열하면 다음과 같다.

❶ 회사의 방향, 조직의 목표를 잘 아는 사람
❷ 자신의 위치와 역할을 회피하지 않는 사람
❸ 자신에게 엄격하며 스스로를 통제할 수 있는 사람
❹ 반성할 줄 아는 사람
❺ 솔직하고 순수한 사람

한편 업무를 제대로 수행하지 못하는 사람은 앞에서 말한 세 가지 각오를 등한시하기 마련이다. 더불어 아래와 같이 행동하는 사람 또한 '할 수 없는 사람'의 전형적인 유형이라 할 수 있다.

❶ 일일이 말해주지 않으면 자신이 무슨 일을 해야 하는지 모르는 사람

❷ 언제나 핑계를 대는 사람

❸ 상대방에 따라 태도가 바뀌는 사람

❹ 사람들의 시선에만 신경을 쓰는 사람

❺ '고맙다'는 말을 할 줄 모르는 사람

❻ 다른 사람들과 친해지기 어려운 사람

❼ 새로운 일에 무조건 거부반응부터 일으키는 사람

❽ 아무렇지 않게 타인을 이용하는 사람

일을 정말 잘할 수 있는 사람은 세상에 그다지 많지 않다. 특히, '가르시아 장군에게 편지를 전할 수 있는 사람'이라고 한다면 정말 손가락으로 꼽을 수 있을 만큼 적다.

하지만 엘버트 허버드는 그러한 현실을 결코 한탄하며 한숨만 쉬고 있지 않았다. 물론 미리 포기하지도 않았다. 로완처럼 자신에게 주어진 임무를 훌륭히 수행할 사람이 한 사람이라도 더 많아지기를 바라는 마음으로 정성들여 책을 만들고 그 속에 교훈을 담았다. 그리고 그 책은 세상의 수많은 사람들에게 읽혔고 감흥을 주었다.

이 책이 많은 사람들에게 읽혔다는 사실만으로도, 맡은 일을 제대로 잘하는 쓸모 있는 사람, 가르시아 장군에게 편지를 전달하는 사람들이 무수히 많다는 것을 짐작할 수 있다. 그런 이들이 점점 더 많아질수록 세상은 밝아지고 미래도 달라질 수 있다.

우리의 사회, 무엇보다도 자신의 충실한 인생을 위해 '할 수 있는 사람'의 반열에 올라야 한다. 이 책을 손에 든 사람들 모두가 '가르시아 장군에게 편지를 전할 수 있는 사람'이 되기를 바란다.

어떻게든
해내는 사람

　　소니전자의 창업자 중 한 사람인 모리타 아키
오盛田昭夫 씨는 군복무 시절, 로완 중위와 같은 인물
이었던 모양이다. 그가 속한 부대의 지휘관은 중
요한 일을 할 때마다 '어떻게든 반드시 해내는 남
자 모리타'를 찾았다고 한다.

바로 그 사람, 모리타 씨는 《가르시아 장군에게 보내는 편지》의 저자처럼 "누구도 믿지 말라^{Don't trust anybody}."는 말을 입버릇처럼 했다고 한다.

"나는 누구에게 무엇을 부탁했는지 항상 기억하고 있는데, 후에 어떻게 진행되는지 반드시 확인을 하지. 정말 피곤한 일이야. 그런데 물어보면 엉뚱하게도 '누가 하고 있을 겁니다'라든지, '누구에게 하라고 말해 두었습니다'라는 말만 되돌아온단 말이야. 결국 어떤 일이든 내가 직접 나서서 다시 확인하지 않으면 안 돼. 손쓰기 어려울 정도로 상황이 나빠지기 전에 확인해야 해. 그러니 어찌 잠시라도 편히 쉴 틈이 있겠어?"

그는 "사람들은 내가 지시한 대로 좀처럼 움직이지 않아."라는 불만을 자주 토로했다고 한다.

그럼에도 불구하고 소니가 세계적인 기업으로 우뚝 섰으니 '어떻게든 해내는 사람들'이 나름대로 적재적소에서 자기 몫을 해준 모양이다. 물론, 모리타 씨는 '아직 멀었다'고 생각하고 있을지도 모르지만 말이다. 《가르시아 장군에게 보내는 편지》에서도 기술하고 있듯, 큰일을 성취하기 위해 고군분투하는 사람의 입장에서 보면, 자신의 부하 직원들이 무능하고 의욕도 없으며 생각 없이 무책임한 사람들로 보일 수도 있다.

그렇다 하더라도 훌륭한 경영자는 그 속에서 '어떻게든 해내는 사람', '가르시아 장군에게 편지를 건넬 수 있는 사람'을 찾아내 키우는 작업을 계속 해야 한다. 이것이야말로 끊임없는 인내와 노력이 필요한 일이다. 쓸만한 인재를 찾아내어 육성하는 것이 바로 경영자나 지도자가 해야 할 역할이며 사명이다.

나는 예전에 〈무엇이든 이루는 삶을 살고 싶다〉는 글을 쓴 적이 있다. 그 일부를 소개할까 한다.

남과 다른 천부적인 재능을 타고나는 사람이 있음은 틀림없다. 그래, 그것은 인정하기로 하자. 하지만 나는 '천재는 노력으로 이루어진다'는 괴테의 명언 역시 진실이라고 믿고 싶다.

열정과 혼신을 다해 일을 추진해 본 경험이 없는 사람일수록 "그건 불가능한 일이야.", "그런 일은 무리야!"라는 말을 쉽게 하곤 한다. 하지만 머릿속에 구상하거나 말로 표현할 수 있는 모든 일은 언제든 실현 가능하다고 나는 생각한다.

그래서 나는 감히 외치고 싶다.

"나는 할 수 있다!"

"내가 해낼 수 있다는 사실을 꼭 보여주겠다!"

"나는 행복하다!"

"나는 축복받았다!"

"나는 사람들에게 도움을 줄 수 있다!"

"나는 많은 사랑을 받고 있다!"

"나는 사랑하고 있다!"

이 글은 안소니 홉킨스가 주연인 영화 〈디 엣지 The Edge〉를 감명깊게 보고 메모한 것이다.

영화를 보며 가슴속에 깊이 남을 주인공의 대사가 있었다. '자신의 두뇌와 힘과 기력이 다할 때까지 노력한다면 길은 반드시 열린다', '사람을 사랑하는 힘, 믿는 힘이야말로 전지전능한 능력을 발휘하는 버팀목이 된다'라는 두 문장이었다.

《가르시아 장군에게 보내는 편지》를 읽으며 나도 모르게 이 영화가 떠올랐다. 그 둘 안에는 공통적인 한 가지 정신이 있기 때문이다. 바로 영웅을 기리는 정신이다.

영웅은 사람들을 믿고 사랑하며, 자신의 능력을 발휘해 위기를 극복한다. 그리고 마침내 성공을 이룬다. 바로 이 같은 영웅상이 미국인들이 추구하는 이상형이다. 하지만 이것은 꼭 미국이란 나라만 국한된 이상형이 아니다. 우리 모두가 지향하고 추구해야 할 모습이다.

더욱 분발해 당당하게 일어서자. 자기 자신과 사회를 위해 다시 한 번 용기를 내자. 자신의 자리에서 최선을 다하자. 한 사람이라도 더 많은 사람이 '반드시 해내는 사람'이 되어야 행복한 사회를 앞당길 수 있다. 책을 읽고 있는 바로 당신이 '가르시아 장군에게 편지를 건넬 수 있는' 사람이 되어 보지 않겠는가?

성공하는 사람

'성공한 사람'이란 자신의 인생에 후회가 없으며, 타인에게도 훌륭한 삶을 살았다는 말을 듣는 이가 아닐까?

'성공'이라는 단어는 사전에서 찾으면 '신분이나 사회적 지위가 높아지거나 경제적으로 부유해

지는 것'을 의미하는 경우가 많다. 물론 전혀 틀린 말은 아니다. 하지만 무언가 부족하다.

신분이 높거나 부유해 어느 정도 사회적 지위를 갖춘 사람이라도 인간적으로 보았을 때에 별 볼 일 없는 사람이 많기 때문이다. 조직에 소속되어 높은 지위를 차지하고 있지만, 하는 일 없이 헛된 명예에 취해 있는 사람도 있다. 이처럼 조직을 위해 아무런 쓸모가 없는 사람까지 '성공한 사람'이라 부르고 싶지 않다.

나는 예전에 '성공'을 '자신이 하고 싶은 일을 찾아내거나 찾으려 하면서 좋은 인간관계를 만드는 일'이라고 정의한 적이 있다. 자신이 세운 목표를 달성했거나, 그것이 무엇인지 명확히 알게 되었다면 그것만으로 '성공한 인생'이라고 할 수 있지 않을까?

인간은 집단이나 조직을 이뤄 살아가는 동물이다. 좋은 인간관계만큼 사람을 풍성하고 기쁘게 만드는 것도 없기에 이 또한 성공의 의미에 포함시켰다.

좀 더 알기 쉽게 풀어 쓰면, 성공한 사람은 '자신이 납득할 만한 인생을 살고, 타인에게도 훌륭한 삶이었다는 말을 듣는 사람'이다. 이것이 내가 생각하는 기본적인 '성공'의 개념이다.

누군들 성공하고 싶지 않겠는가.《가르시아 장군에게 보내는 편지》의 저자 엘버트 허버드도 성공적인 삶에 대해 얘기하고 있다.

그는 성공한 삶의 대표적인 예로 로완을 꼽았다. 로완은 자신에게 맡겨진 일에 불평하지 않고 타인의 시선도 전혀 의식하지 않았다. 또 자신이 해내겠다고 마음먹고 끝까지 노력하여 임무를 완수했다. 그렇게 타인과 세상을 위해 자신이 할 수 있는 일을 해냈기에 모든 사람들이 그를 칭송하는 것이다.

세상 모든 곳에서, 모든 사람들이 그런 사람을 원하고 있다. 그가 곁에 있다면 원하는 일을 실현하는 데에 큰 도움이 될 것이 틀림없기 때문이다.

물론, 돈벌이나 명예 획득을 위해 그 사람을 유용하게 써먹을 수 있기 때문이라는 말은 아니다. 타인과 사회를 위해 큰일을 해낼 수 있는 사람이기 때문에, 자신이 바라는 꿈을 실현하는 데에 도움이 될 것이라 믿는다는 말이다.

나는 사람들이 단순히 한 시점의 결과만을 놓고 성공을 논하지 않았으면 한다. 결과의 과정을 더 넓고 깊게 살펴보면서 그 속에서 진정한 성공의 의미를 발견하기를 간절히 바란다. 이 책의 저자 엘버트 허버드의 글에 깊이 공감하는 것도 바로 그 때문이다.

너무 성공만을 강조하는 것에 우려를 나타내는 시선도 있다. 나 역시 너무 성공만을 앞세우는 것이 바람직하다고 생각하지는 않는다. 물론, 그럴 필요도 없다.

하지만 마음속에서 끊임없이 일어나는 성공에 대한 갈망을 부정하고 싶지는 않다. 그것은 자신이 하고 싶은 일을 발견하고, 또 자신이 납득할 만한 삶을 살아가는 것이다. 자신은 물론 세상을 위해서도 도움이 되는 일이며, 원만하고 풍성한 인간관계를 형성하는 일이기도 하다. 그래서 나는 성공을 간절히 바란다.

성공을 무조건 등한시하고 부정하는 것도 좋은 일이 아니라 생각한다. 세속적 성공을 초월한다고 해서 항상 넝마를 걸치며 살 수는 없다. 물론 그래서도 안 된다. 그것은 어찌 보면 불만을 선동하는 일이며, 사회를 불건전하게 만드는 일이자, 타인을 불행으로 이끌 수도 있는 일이다.

그렇다고 해서 성공한 다른 사람을 지나치게 부러워할 필요도 없다. 인생은 결국 자신의 것이기 때문이다. 자신만의 방식으로 훌륭히 가꾸면 그만이다.

그렇게 자신에게 충실한 삶을 살다 보면 타인의 시선에 지나치게 신경 쓸 필요가 없어진다. 자신의 기준에서 납득할 수 있으면 그만이기 때문이다. 스스로의 삶에 만족할 수 있다면, 타인의 눈에도 아름답게 보일 것이라고 나는 생각한다.

스스로 만족할 수 있는 삶. 그것이 자신에게 가장 잘 어울리는 멋진 인생일 것이다.

성장하는 사람

인간이란 정말 재미있는 생물체다. 처음에는 모두 비슷하고 그만그만하다. 하지만 어떤 사람은 일찌감치 성장이 멈춰 버려 도저히 어찌해 볼 도리가 없다. 그런 사람은 말도 안되는 억지를 입버릇처럼 내뱉으며 살아간다.

반면 어떤 사람은 하루하루 조금씩 성장하여 날마다 새롭게 태어난다.

인간이란 배우며 살아가는 생물체이고, 생각하는 생물체다. 인간은 타인을 배려하고 사랑할 줄 아는 사회적 생물체이며, 꿈과 희망을 품을 줄 아는 생물체다. 인간은 죽을 때까지 성장을 계속하는 생물체다. 그런 만큼, 인간은 자신의 가치관이나 마음가짐에 따라 하늘과 땅만큼의 차이가 나는 생물체이다.

인간이 태어나 본능 그대로만 살아간다면 무엇 하나 제대로 할 수 없을 것이다. 늑대나 개의 틈에서 야생으로 자란 아이에게 인간적인 성장을 기대할 수는 없다. 그렇게 자란 아이는 뇌도 거의 발달하지 않을 뿐더러 수명도 짧다고 한다.

이 사실은 사람에게 교육과 훈련을 지속하는 것이 얼마나 소중한지를 일깨워준다. 교육을 통한 욕구의 변화 정도에 따라 미래의 모습은 판이하게 달라질 수 있기 때문이다.

그런 의미에서 볼 때, 사람마다 삶의 수준은 서로 다를 수 밖에 없다. 교육환경이 천차만별이기 때문이다. 얼마나 교육받고 배웠느냐는 문제로 사람의 가치를 따질 수는 없다. 교육받고 배울 수 있는 기회가 서로 다를 뿐, 누구라도 의욕을 가지고 기회를 찾아보면 이전보다 발전된 모습으로 변할 수 있기 때문이다.

그보다 더 중요한 문제는 성장해 가는 사람인지 성장을 멈춘 사람인지 하는 것이다. 성장해 가는 사람이냐 아니냐에 따라 인생의 최종 결과에는 커다란 차이가 생긴다. 좋은 결과를 얻었든, 좋지 않은 결과를 얻었든 누구를 탓할 수는 없는 일이다. 다른 사람도 아닌 바로 자기 스스로 그런 결과를 만들었기 때문이다.

나는 그런 의미에서 독서의 중요성을 강조하고 싶다. 책을 읽는 사람은 인간적으로 성장하기 때문이다. 책을 읽는 사람은 성장을 위한 문제의식을 항상 기억하고 있으며, 자신의 존재 의미에 관심을 가진다. 따라서, 늘 자기 자신을 냉정히 바라보며 조금이라도 나은 사람이 되려 노력한다. 행동은커녕 책 한 줄 읽지 않는 사람에게 꿈의 실현이나 성공에 대해 이러쿵저러쿵 말할 자격은 없다고 생각한다.

독서는 모든 것의 출발점이다. 독서를 통해 배우고, 체험하고, 반성하는 과정 속에서 조금씩 싹을 틔워 성장할 수 있기 때문이다.

세계의 역사와 오늘날을 비교해 살펴보면 훨씬 이해가 쉬울 것이다. 그리스, 로마, 영국 등 세계의 중심에 우뚝 섰던 나라들의 문명과 문화, 성공, 힘의 밑바탕에는 책이 있었고, 그 책 속에서 얻은 지식을 실천한 사람들이 많았다는 것을 부정하는 이는 없다.

현재의 미국도 마찬가지다. 《가르시아 장군에게 보내는 편지》는 정확하게 몇 권이 팔렸는지 헤아릴 수 없을 정도로 많은 부수가 판매되었다. 저자 자신이 1913년을 시점으로 4,000만 부라고 적고 있지만 그 후에도 읽히고 있고, 끊임없이 사랑을 받고 있다.

나는 성장하겠다는 의욕과 그것에 대한 실천이야 말로 정말 사람을 사람답게 만든다고 생각한다. 출발점은 의욕을 갖는 것이다. 가르시아 장군에게 반드시 편지를 전하겠다는 의욕이다.

그리고 실행이다. 곧바로 행동하고 움직이는 것이다. 어떻게 해서든 반드시 성공한다고 믿고, 괴롭더라도 절망하지 않고 다시 일어나 미래를 향해 전진하는 것이다. 그리고 마침내 이루어내는 것이다.

성장하는 사람, 죽을 때까지 계속 성장하는 사람이기 되기를 바란다.

반드시
가르시아 장군에게
편지를 전하겠다!

엘버트 허버드는 문명의 발전 과정을 '가르시아 장군에게 편지를 건넬 수 있는 사람을 찾아가는 기나긴 여정'이라 믿었다. 문명이 발전한다는 것은 과거에 비해 좀 더 가치 있고 인간다운 생활로 진보하고 향상된다는 것을 의미하는 것이 아닐까?

그렇다면 무엇이 진보와 향상을 가능하게 하는가? 엘버트 허버드는 이 질문에 대한 답을 '가르시아 장군에게 편지를 건넬 수 있는 사람'에서 찾았다. 어떤 시대를 막론하고 그 시대 사람들의 삶을 한 마디로 표현하거나 가치의 유무를 단정적으로 결론지어 이야기할 수는 없다. 지금보다 문명이 진보하지 않았을지언정, 현재의 우리보다 위대하고 고결하게 치열한 일생을 살았던 사람들은 늘 존재해왔기 때문이다.

하지만 위대하고 이름이 높은 사람 못지 않게 소중한 존재들이 있다. 바로 근면하고 용감하며 진실되게 미래 지향적인 인생을 살았던 수많은 보통 사람들이다. 문명의 발전은 바로 그들의 땀방울이 모여서 가능할 수 있었다. '가르시아 장군에게 편지를 건넬 수 있는 보통 사람들'이 존재했기에 지금의 발전된 문명을 이룰 수 있었던 것이다. 겉으로 드러나지 않은 이름 없는 수많은 '영웅'들은 자신의 주변과 사회를 위해 공헌했기에 가능했던 일이었다.

사람들은 예로부터 '지^志'라는 말을 자주 사용했다. '지^志'란 세상의 큰일을 이루는데 도움이 되겠다는 강한 의지이다. 자신의 일과 삶으로 사회의 발전과 진보에 기여하겠다는 뜨거운 결단이다. '지^志'가 있는 사람들의 보이지 않는 노력으로 사회와 문명이 한걸음씩 발전하고 있다. '지^志'가 있는 사람이 많으냐 적으냐에 따라 사회의 활력과 원기에 차이가 생긴다.

한편 엘버트 허버드는 '지^志', 다시 말해 '가르시아 장군에게 편지를 건네겠다는 의지'가 없는 사람들 또한 세상에 수없이 많이 존재한다고 말했다.

항상 타인에게 의존하려는 사람, 남 탓하기를 밥 먹듯 하는 사람, 세상을 비뚤어진 시각으로 바라보며 불평을 늘어놓는 사람이 우리 주변에 수없이 많다는 것이다. 어쩌면 그것이 보통 우리들의 모습인지 모른다.

그렇지만 그는 마음가짐 하나만 바꿔도 세상의 많은 것이 변할 수 있다고 믿었다. 자신이 먼저 바뀌면 당연히 상대방도 바뀌게 되고 결국 세상도 바뀐다고 생각한 것이다.

입만 열면 항상 불평과 불만을 늘어놓고, 타인의 도움만을 바라며 세상을 사는 사람은 주변 사람들에게 금세 외면당할 것이다. 반면, 항상 마음을 새롭게 가다듬고, 주어진 일과 역할을 묵묵히 해내는 사람 곁에는 따뜻한 시선을 보내는 사람들이 함께 할 것이다.

이것이 바로 세상을 이루는 기본원칙이라는 점을 엘버트 허버드는 간파하고 있었다. 나 또한 그의 의견에 전적으로 동의한다.

일이나 인생을 통해 세상에 봉사하는 마음의 필요성은 엘버트 하버드가 일관되게 강조하는 것 중 하나다. 나 역시 바로 그 마음이 타인을 배려하고 사랑하는 최고의 모습이라고 생각한다.

다른 사람을 배려하고 사랑할 줄 아는 사람이야말로 사람다운 사람이다. 그런 마음이 강한 사람일수록 인간으로서의 힘이 위대하다고 말할 수 있지 않을까?

누구에게나 자기 자신이 가장 소중하다. 하지만 그토록 소중한 자신을 격려하며 멋진 삶을 살아가려면 먼저 타인을 배려하고 사랑하는 것부터 알아야 한다.

그렇게 생각할 줄 아는 사람이 더 큰 성장과 자기실현이 함께 할 것이다. 남에게 의존하지 않고, 타인을 위해 도움이 되겠다는 사람에게 사회도 그리고 주변의 사람들도 미소를 보낼 것이다.

먼저 자신의 힘을 굳게 믿자. 그리고 다른 사람을 사랑하자. 내 주위의 사람들을 소중히 여기자. 가족이나 친구, 동료, 애인을 따뜻한 마음으로 사랑하자. 나보다 그들을 더 소중하게 여기며 살자. 그리고 지금 내가 살고 있는 이 사회와 그 속에 살고 있는 사람들에게 도움이 될 수 있는 존재가 되도록 노력하자.

그러기 위해서는 배움에 힘쓰지 않으면 안된다. 책도 많이 읽고 역사에 관심을 가지자. 좀 더 철저하게 일하자. 한 번, 두 번, 아니 몇 번을 실패해도 좋다. 때로는 실망하고 낙담할 수도 있다. 그렇지만 그 경험은 자신을 보다 강하고 크게 성장하게 만드는 원동력이 되어줄 것이다.

실패나 좌절을 맛보았다면 이를 다시 일어서는 계기로 삼아라. 더 큰 성장을 위해 이쯤은 아무것도 아니라고 마음먹어야 한다. 몇 번이라도 좋으니 가르시아 장군에게 편지를 건네자.

어떤 괴로운 일이 있더라도, 어떤 장애가 가로막고 있더라도 극복해 나가자. 그것이 "살아 있는 것이 즐겁다."는 말이 절로 나오는 인생을 만드는 방법이다.

나에게 가르시아 장군에게 보낼 편지를 맡겼으면 좋겠다고 적극적으로 생각하자. 당신은 그 편지를 반드시 건넬 수 있는 사람이기 때문이다.

엘버트 허버드의
명언집

집을 나설 때는 턱을 끌어당기고 머리를 곧게 세우며 가슴 가득 크게 숨을 들이쉬자. 그리고 온몸으로 가득 햇빛을 받아들이자. 친구를 보면 웃는 얼굴로 인사하고 반갑게 악수하자. 다른 사람에게 오해를 살지도 모른다는 걱정은 하지 마라. 해가 될 뿐인 걱정 따위로 전전긍긍할 필요는 없다.

자신이 해야 할 일을 확실하게 마음속에 새기자. 그리고 목표하는 방향을 향해 곧장 달려나가자. 당신이 꿈꾸고 목표하는 멋진 인생을 절대로 잊어서는 안 된다.

엘버트 허버드의
명언집

나는 데일 카네기^{Dale Carnegie}의 세계적인 베스트 셀러 《카네기 인간관계론》을 즐겨 읽는다. 그런데 데일 카네기는 《가르시아 장군에게 보내는 편지》의 저자 엘버트 허버드를 무척 존경했던 모양이다. 그는 평소에도 허버드의 말을 자주 인용했다고 한다.

《데일 카네기의 스크랩북Dale Carnegie's Scrapbook》 속
에서 허버드의 명언들을 일부 발췌해 간단한 설명
을 곁들였다. 과연 엘버트 허버드답다. 가슴이 뜨
거워지며, 용기를 북돋우는 말들이 가득하다. 반복
해 읽으며 깊이 가슴에 새기기 바란다.

❶ 적어도 하루에 한 가지 정도는 자신이 어렵다고 생각하
   는 일에 도전하라. 만약 그것이 불가능하다면 한 인간으
   로서 괄목할 만한 성장을 기대하기는 어렵다.

성공을 거두려면 도전하는 용기와 의욕이 있어
야 한다. 그런 사람이 '가르시아 장군에게 보내는
편지를 건넬 수 있는 사람'이다.

세계적인 경영학자 톰 피터스Tom Peters는 이렇게
말했다.

"날마다 반드시 한 가지 깜짝 놀랄 일을 하라.
그것이 불가능한 날에는 깜짝 놀랄 수 있도록 사
력을 다하라. 앞으로 불과 10년 사이에 비즈니스

맨의 95퍼센트는 일자리를 잃게 될 것이다. 그러니 밝고 유쾌하게 세상을 살아가기 위해 날마다 공부해야 하는 것이다. 날마다 자신을 성장시켜야 하는 것이다."

❷ 집을 나설 때는 턱을 끌어당기고 머리를 곧게 세우며 가슴 가득 크게 숨을 들이쉬자. 그리고 온몸으로 가득 햇빛을 받아들이자. 친구를 보면 웃는 얼굴로 인사하고 반갑게 악수하자. 다른 사람에게 오해를 살지도 모른다는 걱정은 하지 마라. 해가 될 뿐인 걱정 따위로 전전긍긍할 필요는 없다.

자신이 해야 할 일을 확실하게 마음속에 새기자. 그리고 목표하는 방향으로 곧장 달려나가자. 당신이 꿈꾸고 목표하는 멋진 인생을 절대로 잊어서는 안 된다. 깊고 어두운 바다 속에서도 꾸준히 영양소를 흡수해 아름다운 산호가 태어나듯, 당신도 시간이 흐르면 자신의 꿈과 희망을 실현시킬 기회를 자연스럽게 손에 넣을 수 있을 것이다.

자신이 되고 싶은, 그리고 인생에 도움이 될 수 있는 정열적인 이상형을 항상 마음속에 그려 넣자. 그러면 시간이 흐르면서 자연스럽게 그런 사람이 되어갈 것이다.

어떻게 생각하고 마음먹느냐 하는 것이 인간의 미래를 결정짓는 모든 것이라 해도 과언이 아니다. 긍정적으로 생각하고 용기를 품어라. 긍정적인 생각은 그 자체가 창조력을 가지고 있다. 세상 모든 일은 소망에서 비롯되며, 그것이 진지하고 바르다면 언젠가는 반드시 실현된다.

턱을 끌어당기고 머리를 바로 세워라. 우리는 신에 가장 가까운, 신이 되기 바로 전 단계의 존재다.

엘버트 허버드는 모든 것이 마음먹기에 달려 있다고 강조했다. 긍정적인 생각, 용기 있는 태도, 진솔하며 밝고 미래 지향적인 마음은 모든 것을 실현시킬 힘이 있다는 것이다. 또한 자신이 바라는 미래의 모습을 항상 마음속에 그리면서 정열적으로 그리고 의연하게 살아가라고 말하고 있다.

❸ 열정이 있는 사람은 오른팔이 두 개 있는 것이나 다름 없다.

열정은 모든 일을 성취하는 데 반드시 필요한 요소다. 토머스 제퍼슨은 이렇게 말했다. "열의 없이 성취된 일은 아무것도 없다."

❹ 적극적인 사람은 부든 명예든 한 가지 이상의 보상이 따르기 마련이다. 그렇다면 우리가 적극적으로 해야 할 것은 무엇인가? 그것은 바로 다른 누구도 아닌 자기 자신이 '올바르다고 생각하는 일'이다.

이는《가르시아 장군에게 보내는 편지》에서도 언급한 내용이다. 올바른 일, 반드시 해야 할 일에 적극적으로 임한다면 자신이 바라는 모든 소망을 실현시킬 수 있다. 엘버트 허버드는 이를 강조하고 있다.

❺ 고민은 일보다 오히려 사람을 더 바쁘게 만들어 망하게 한다. 많은 사람들은 일보다 고민과 더 씨름을 벌이곤 한다.

고민에는 두 종류가 있다. 자신의 힘으로 해결할 수 있는 것과 그렇지 않은 것이 있다. 후자를 두고 고민한다면 이는 난센스가 아닐 수 없다. 인생을 실패로 이끌 가능성이 높다. 하지만 실제로 많은 사람들은 자신의 힘으로 해결할 수 없는 일에 이래저래 고민을 많이 한다. 그것은 매우 소모적인 일이다. 인생 자체가 원활하게 진행되지 못하기 때문이다. 쓸데없는 고민은 과감하게 떨쳐버려야 한다. 하지만 해결할 수 있는 고민이라면 당연히 적극적으로 나서서 해결해야 한다.

❻ 너무 힘들다고 불평하는 것은 그야말로 바보 같은 짓이다. 하지만 그보다 더 어리석은 것은 그런 말을 편지로 써서 보내는 일이다. 사람은 무례하기 그지없는 편지를 받으면 이내 그보다 열 배는 더 무례하게 적은 답장을 보내기 마련이다. 그보다 중요한 것은 불평이 가득 적힌 무례한 편지가 결국은 모두 쓰레기통에 버려진다는 사실이다.

데일 카네기는 《카네기 인간관계론》의 서두에 미국의 16대 대통령 링컨의 일화를 소개하며 타인을 헐뜯는 일은 정말 어리석은 짓이라고 강조한다.

비난받은 사람은 비난한 상대방을 미워할 것이 뻔하고, 타인을 험담하는 사람에게 좋은 일은 결코 생기지 않을 것이 틀림없다는 것이다.

❼ 진정한 친구는 당신의 모든 것을 알고 있음에도 당신을 좋아하는 사람이다.

영혼을 나눌 친구가 있는 것보다 더한 기쁨은 없다. 인생이란 그런 친구를 끊임없이 찾아가는 여행이라고 그리스의 어느 철학자는 말했다.

❽ 성공은 끊임없이 노력하는 사람 곁에 있다. 성공과 실패는 아주 사소한 차이에 의해 갈린다. 그래서 오히려 성공이 눈앞에 있음을 눈치채지 못하는지도 모른다. 종이의 앞뒤처럼 성공이 바로 곁에 있어도 잘 알아채지 못하는 것이다.

바로 눈앞에 성공을 두고도 조금의 노력, 조금의 인내가 부족하여 아깝게 놓치고 마는 사람들이 너무 많다. 썰물이 빠지고 나면 이내 밀물이 들이닥치기 마련이다. 조금만 더 참고 인내하라.

사실 성공으로 향하고 있을 때 사람들은 가장 힘들어 한다. 조금만 더 참고 노력하면 절망적인 상황에서 벗어나 이내 성공의 쾌감을 맛볼 수 있는데도 말이다. 스스로 인정하는 패배보다 더한 패배는 없다.

패배를 인정해 자포자기하는 나약함을 극복하라. 자신의 나약한 의지만 극복한다면 넘어서지 못할 장애란 없다.

'스스로 인정하는 패배보다 더한 패배는 없다'는 말은 클라우제비츠의《전쟁론》에서도 여러 번 강조한 말이다. '자신의 나약한 마음 외에 넘어서지 못할 장애란 없다'라는 엘버트 허버드의 말이 얼마나 든든한 격려인가!

❾ 받는 돈보다 많은 일은 하지 않겠다는 사람이 그 이상의 월급을 받는 일은 절대로 없다.

이 책의 앞에서도 언급했듯이 의욕적으로 일해 사람들이 원하는 그 이상의 결과를 내려고 노력하는 사람의 소망은 실현될 가능성이 높다. 그런 사람은 절대 급여 따위로 걱정하지 않는다.

❿ 언제까지 무지無知한 상태로 있을 수 있는 비결은 그야말로 간단하다. 항상 자신의 생각이 무조건 옳다고 생각하고, 자신이 가진 지식에만 머무르면 된다.

사무엘 스마일즈는 인생의 항로를 결정하는 열쇠가 바로 '향상심向上心' 즉, 배우고자 하는 의욕에 달려 있다고 말했다. 반성과 공부가 없다면 사람의 성장은 기대할 수 없다.

해설자의 후기

　내가 《가르시아 장군에게 보내는 편지》를 알게 된 지도 어언 10여 년이 지났다. 처음으로 이 책의 존재를 알게 된 것은 킹슬리 워드^{Kingsley Ward}의 《아버지가 아들에게 보내는 편지^{Letters of a Businessman to his son}》 속에서 였다.

이 책에서 킹슬리 워드는 독서란 경영자에게 빼놓을 수 없는 중요한 요소라고 아들에게 조언한다. 그러면서 자신이 감명 깊게 읽은 책으로《가르시아 장군에게 보내는 편지》를 소개한다.

나는《가르시아 장군에게 보내는 편지》의 매력에 이끌려 몇 번을 반복해서 읽었다. 그러는 사이에 영문판을 가지고 싶어졌고, 애플우드 북스 Applewood Books의 1993년 판, 피터 포퍼 프레스 Peter Pauper Press의 1982년 판, 펠리컨 퍼블리싱 컴퍼니 Pelican Publishing Company의 1998년 판 등을 구입해 읽게 되었다. 그리고 이 책의 집필을 떠올렸고, 나의 생각을 깔끔하게 정리하여 한 권의 책으로 만들고 싶었다.

해설을 쓰는 동안 많은 새로운 지식을 얻게 되었다. 그 가운데 하나는 세상 모든 일은 사람의 생각에서 비롯되며, 그 생각을 굳히고 튼튼하게 키

우기 위해 책 한 권의 존재가 대단히 소중하다는 것이었다. 이는 개인, 조직, 더 나아가 나라를 키우는 힘이 된다는 점에서 중요한 의미가 있다.

멋있는 인생을 살고 싶지 않은 사람은 없다. 진짜 멋있는 인생은 자신뿐 아니라 사회와 국가의 발전에도 이바지하는 인생이다. 우리는 반드시 국가와 사회에 이바지하는 인생을 살아야 한다. 그점을 마지막으로 한 번 더 강조한다.

부록은 내가 정리해 본 체크리스트인데, 가벼운 마음으로 즐기기 바란다.

부록

누군들 성공하고 싶지 않겠는가. 《가르시아 장군에게 보내는 편지》의 저자 엘버트 허버드도 성공적인 삶에 대해 얘기하고 있다. 그는 성공한 삶의 대표적인 예로 로완을 꼽았다. 로완은 자신에게 맡겨진 일에 불평하지 않았고 타인의 시선도 전혀 의식하지 않았다. 또 자신이 해내겠다고 마음먹고 끝까지 노력하여 임무를 완수했다. 그렇게 타인과 세상을 위해 자신이 할 수 있는 일을 해냈기에 모든 사람들이 그를 칭송하는 것이다.

부록 I

당신의 로완도
체크리스트

❶ 일을 부탁받았을 때, 가장 먼저 드는 생각은?

Ⓐ 혼자서 해낼 수 있는 방법을 먼저 생각한다.　　□

Ⓑ 부탁할 사람을 먼저 떠올린다.　　□

❷ 자유시간이 생겼을 때, 대체로 다음 두 가지 중
어떤 것을 선택하는 편인가?

Ⓐ 책을 읽는다.　　　　　　　　　　　　　☐

Ⓑ 아무 일도 하지 않고 마음 편히 시간을 보낸다.　☐

❸ 누군가 일을 부탁하려고 사람을 찾고 있을 때,
당신은 어떤 자세를 취하는 편인가?

Ⓐ 자진해서 먼저 손을 내민다.　　　　　　☐

Ⓑ 눈을 마주치지 않으려고 고개를 숙인다.　☐

❹ 회사나 조직이 목표를 내걸었을 때
어떤 생각을 하는가?

Ⓐ 나의 목표처럼 생각한다.　　　　　　　☐

Ⓑ 나와는 관계없다고 생각한다.　　　　　☐

❺ 다른 사람이 실패했을 때 어떤 행동을 취하는가?

 Ⓐ 자신이 도와줄 일이 없는지 살핀다.   ☐

 Ⓑ 내가 아니라 다행이라며 안도의 한숨을 내쉰다. ☐

❻ 동료가 조직이나 상사의 험담을 할 때
 어떤 행동을 취하는가?

 Ⓐ 우리가 먼저 잘하자고 말한다.   ☐

 Ⓑ "맞아! 그래!"하며 맞장구친다.   ☐

❼ 자신의 회사가 칭찬받았을 때 어떤 생각을 하는가?

 Ⓐ 내 일처럼 기뻐한다.   ☐

 Ⓑ 아무래도 상관없다.   ☐

❽ 상사가 없을 때 당신은 어떻게 행동하는가?

ⓐ 있든 없든 상관없이 나의 일에 집중한다.　　☐

ⓑ '이제 좀 살겠군'하며 마음을 놓는다.　　☐

❾ 영웅이 등장하는 영화를 보면
어떤 생각이 드는가?

ⓐ 자신도 그렇게 되었으면 하고 생각한다.　　☐

ⓑ 있을 수 없는 이야기라고 생각한다.　　☐

❿ 봉사 활동에 대해 어떻게 생각하는가?

ⓐ 타인을 위해 일한다는 정신은 대단히 아름답다. ☐

ⓑ 돈이 되지도 않는데 정말 바보같은 짓이다.　　☐

⓫ 누군가에게 감사의 뜻을 표할 때 어떻게 하는가?

　　Ⓐ 글로 써서 감사의 마음을 전한다.　　　　　　　☐

　　Ⓑ 전화로 끝낸다.　　　　　　　　　　　　　　☐

⓬ 앞으로의 인생을 어떻게 살고 싶은가?

　　Ⓐ 계속해서 성장하고 싶다.　　　　　　　　　☐

　　Ⓑ 아직 아무 생각도 해보지 않았다.　　　　　　☐

* 체크한 답 중 Ⓐ 항목이 많을수록 당신의 로완도를 높게 평가할 수 있습니다.

가르시아 장군에게
편지를 건넬 수 있는 사람과
그렇지 못한 사람

편지를 건넬 수 있는 사람	편지를 건넬 수 없는 사람
꿈이 있는 사람	꿈이 없는 사람
희망이 있는 사람	희망이 없는 사람

사랑이 있는 사람	사랑할 줄 모르는 사람
배려할 줄 아는 사람	배려할 줄 모르는 사람
용기가 있는 사람	용기가 없는 사람
변화를 두려워하지 않는 사람	변화를 두려워하는 사람
성공하겠다는 목표가 있는 사람	성공이야 아무래도 좋다는 사람
믿어준 사람에게 보답하는 사람	부탁받기를 싫어하는 사람
자율적인 사람	타인에게 의지하는 사람
무엇이든 자신의 문제처럼 생각할 줄 아는 사람	타인에게 핑계를 돌리는 사람
곧바로 행동으로 옮기는 사람	행동하지 않는 사람
사회에 대한 공헌을 생각하는 사람	자기만 생각하는 사람
불평하지 않는 사람	늘 불평불만을 늘어놓는 사람

도덕적인 사람	도덕이 없는 사람
의지가 강한 사람	의지가 약한 사람
책임감이 있는 사람	책임감이 약한 사람
조직의 발전을 원하는 사람	타인의 불만을 선동하는 사람
스스로 생각하는 사람	늘 어리석은 질문만 하는 사람
책을 즐겨 읽는 사람	책을 읽지 않는 사람
감사하는 사람	감사를 표현할 줄 모르는 사람
기개가 있는 사람	기개가 없는 사람
열정이 있는 사람	열정이 없는 사람
자신에게 엄격한 사람	타인에게 엄격한 사람
공부하는 사람	공부하지 않는 사람

밝고 긍정적인 사람	늘 어두운 사람
가족을 소중히 여기는 사람	가족을 소중히 여기지 않는 사람
우정이 두터운 사람	우정을 가볍게 여기는 사람
일을 즐기는 사람	마지못해 일하는 사람
조직의 목표를 아는 사람	자신의 일에만 관심이 있는 사람
자신의 역할을 아는 사람	자신의 역할에 관심이 없는 사람
태도가 일관된 사람	상대방에 따라 태도가 변하는 사람
예의 바른 사람	무례한 사람

옮긴이 **박순규**

시즈오카 국립대학 언어문화학과를 졸업했으며, 일본 근대·현대문학을 전공했다. 역서로는
『100인의 마을』,『남자를 이해하지 못하는 여자, 여자를 화나게 하는 남자』,『성공하는 CEO는
30대에 결정된다』,『세계를 지배하는 유태인의 성공법』,『말버릇이 인생을 바꾼다』 등이 있다.

가르시아 장군에게
A MESSAGE TO GARCIA
보내는 편지

초판   1쇄 인쇄   2025년   5월   20일
초판   1쇄 발행   2025년   5월   30일

지은이	엘버트 허버드	**해설**	하이브로 무사시
옮긴이	박순규	**펴낸이**	이종두
펴낸곳	㈜새로운 제안		

기획·편집	문혜수	**디자인**	홍정현
영업	문성빈, 김남권, 조용훈	**경영지원**	이정민, 김효선

주소	경기도 부천시 조마루로385번길 122 삼보테크노타워 2002호		
홈페이지	www.jean.co.kr	**쇼핑몰**	www.baek2.kr(백두도서쇼핑몰)
SNS	인스타그램(@newjeanbook), 페이스북(@srwjean)		
이메일	newjeanbook@naver.com		
전화	032) 719-8041	**팩스**	032) 719-8042
등록	2005년 12월 22일 제386-3010000251002005000320호		
ISBN	978-89-5533-665-8 (03320)		

영웅이란
자신의 임무를 제대로 완수한 사람을
일컫는 말이다.